BEI GRIN MACHT SICH IHR
WISSEN BEZAHLT

AF166959

- Wir veröffentlichen Ihre Hausarbeit,
  Bachelor- und Masterarbeit

- Ihr eigenes eBook und Buch -
  weltweit in allen wichtigen Shops

- Verdienen Sie an jedem Verkauf

**Jetzt bei www.GRIN.com hochladen
und kostenlos publizieren**

Bibliografische Information der Deutschen Nationalbibliothek:

Die Deutsche Bibliothek verzeichnet diese Publikation in der Deutschen National-bibliografie; detaillierte bibliografische Daten sind im Internet über http://dnb.d-nb.de/ abrufbar.

Impressum:

Copyright © 2019 GRIN Verlag
Druck und Bindung: Books on Demand GmbH, Norderstedt Germany
ISBN: 9783346117908

Dieses Buch bei GRIN:

https://www.grin.com/document/515117

Anonym

Praxissemester Geschichte. Die Interpretation politischer Plakate im Unterricht

Planung, Durchführung und Reflexion einer Unterrichtsreihe zur Förderung der Methodenkompetenz

GRIN Verlag

GRIN - Your knowledge has value

Der GRIN Verlag publiziert seit 1998 wissenschaftliche Arbeiten von Studenten, Hochschullehrern und anderen Akademikern als eBook und gedrucktes Buch. Die Verlagswebsite www.grin.com ist die ideale Plattform zur Veröffentlichung von Hausarbeiten, Abschlussarbeiten, wissenschaftlichen Aufsätzen, Dissertationen und Fachbüchern.

Besuchen Sie uns im Internet:

http://www.grin.com/

http://www.facebook.com/grincom

http://www.twitter.com/grin_com

Ruhr-Universität Bochum
Historisches Institut

Forschungsbericht:

Geschichte

*Planung, Durchführung und Reflexion einer Unterrichtsreihe zur
Förderung der Methodenkompetenz*

Inhaltsverzeichnis

Anmerkung der Redaktion: Der Anhang der Arbeit wurde aus urheberrechtlichen Gründen entfernt.

1. Einleitung

Der folgende Forschungsbericht für das Fach Geschichte wurde im Rahmen der Begleitveranstaltung für das Praxissemester im Wintersemester 2018/19 an der Ruhr-Universität Bochum angefertigt und bezieht sich auf die Praxisphase vom 10.09.2018 bis zum 01.02.2019 an einer Gesamtschule. Er zielt damit perspektivisch auf die in den Rahmenbedingungen festgelegten Intentionen der Praxisphase „theoriegeleitete Erkundungen im Handlungsfeld Schule zu planen, durchzuführen und auszuwerten sowie [darauf] aus Erfahrungen in der Praxis Fragestellungen an Theorien zu entwickeln".[1]

Im Rahmen des Faches Geschichte umfasst der Forschungsbericht dabei üblicherweise die Planung, Durchführung und Reflexion einer an der Schule umgesetzten Unterrichtsreihe, welche die explizite Messung und Förderung einer ausgewählten Kompetenz – in diesem Fall Methodenkompetenz – intendiert. Der erste Messzeitpunkt findet hierbei vor Beginn der Unterrichtsreihe statt, in der die Kompetenzen bei den Schülerinnen und Schülern ausgebaut werden sollen, während der zweite Messungzeitpunkt am sich daran anschließt.

Der Forschungsbericht klärt im Folgenden zunächst die Rahmenbedingungen der Untersuchung, sowie den Untersuchungsgegenstand. Anschließend macht die Reihenplanung sichtbar, wie die hier geplante Förderung der Kompetenz innerhalb dieses Forschungsprojektes in Form der Unterrichtsreihe angelegt wurde. Ferner wird die Diagnoseaufgabe, sowie das Auswertungsraster des Forschungsprojekts vorgestellt, anhand dessen die Ergebnisse nachvollzogen werden sollen. Abschließend erfolgt die Vorstellung der Ergebnisse, die überdies kritisch reflektiert werden.

2. Untersuchungsgegenstand und - Voraussetzungen

Eine zentrale Perspektive und Aufgabe des Faches Geschichte ist nach dem Kernlehrplan, Schülerinnen und Schülern Orientierung zu bieten, indem man im Unterricht bei der Beschäftigung mit vergangenen Zeiten oder anderen Kulturen Fremdes und gegebenenfalls auch Alternativen zur Lebenswelt heutiger Schülerinnen und Schüler aufzeige. Die historische Gebundenheit des gegenwärtigen Standortes werde dadurch für die Schülerinnen und Schüler erkennbar.[2] Dies führe zur

---

1 Die Verfahrensordnung Praxissemester an der Ruhr-Universität Bochum, RUB 2014, S. 1.
2 Ministerium für Schule und Weiterbildung des Landes Nordrhein-Westfalen (Hg.): Kernlehrplan für die Gesamtschule – Sekundarstufe I in Nordrhein-Westfalen. Gesellschaftslehre. Erdkunde, Geschichte, Politik, Düsseldorf 2011, S. 11. (Im Folgenden zitiert als: KLP)

Möglichkeit einer kritischen Wahrnehmung und lege somit eine wichtige Grundlage zur Ausbildung eines „reflektierten Geschichtsbewusstseins".[3] Als eine der beiden wichtige Voraussetzung, für solche Orientierungsmöglichkeiten wird in dem geschichtsdidaktischen Kompetenzmodell „FUER Geschichtsbewusstsein" die historische Fragekompetenz genannt, die auf das Interesse an Vergangenheit und Geschichte abzielt. Aus dem Bedürfnis, Vergangenes zu entdecken und zu erforschen entwickeln Schülerinnen und Schüler hier Fragen, wodurch historische Denk- und Orientierungsprozesse initiiert werden.[4]

Als andere wichtige Voraussetzung wird im Modell die Möglichkeit benannt, diesen Fragen auch mit einem methodischen Instrumentarium nachgehen zu können und mithilfe der gefundenen Antworten, die eigene Fragestellung zu beantworten. Geschichte auf diese Weise re- und dekonstruieren zu können, wird unter dem Begriff der historischen Methodenkompetenz zusammengefasst.[5]

Während die Dekonstruktion auf den analysierenden Aspekt zielt, meint Rekonstruktion die kritische Auseinandersetzung mit unterschiedlichen historischen Quellen. Diese sollen einer Quellenkritik unterzogen werden, um so eine eigene Narration entwickeln zu können.[6] Dieser Kompetenzüberschneidung folgend, bilden die historische Fragekompetenz und die historische Methodenkompetenz also nach dem Kompetenzmodell „FUER Geschichtsbewusstsein" die Grundlage für die historische Orientierungskompetenz, indem die Erkenntnisse, die aus der De- und Rekonstruktion der Methodenkompetenz hervorgingen, auf die eigene Person und Weltsicht bezogen und kritisch hinterfragt werden.[7]

Dass es – unabhängig davon ob man dem erwähnten Kompetenzmodell nun in seiner Gänze folgen mag, oder nicht – gewisse Schnittmengen und Überlappungen zwischen den einzelnen Kompetenzbereichen gibt, scheint in der *communis opinio* unbestritten.[8] Die Überschneidungen von Frage- und Methodenkompetenz scheint daher offenkundig. Es verlangt schließlich immer gewisse heuristische Fähigkeiten, Materialien zur Beantwortung von Fragestellungen zu erschließen, die bei der

---

3 Ebd., S. 11f.
4 Körber, Andreas [u.a.]: Historisches Denken. Ein Kompetenz-Strukturmodell, in: Waltraud Schreiber; Andreas Körber; Alexander Schöner: Kompetenzen Historischen Denkens. Ein Strukturmodell als Beitrag zur Kompetenzorientierung in der Geschichtsdidaktik (Kompetenzen: Grundlagen, Entwicklung, Förderung ;1), Neuried² 2006, S. 17-53, S. 20f.
5 Ebd., S. 23.
6 Ebd., S. 23f.
7 Ebd., S. 24.
8 Trautwein, Ulrich: Kompetenzen historischen Denkens erfassen. Konzeption, Operationalisierung und Befunde des Projekts "Historical Thinking - Competencies in History" (HiTCH), Münster; New York 2017, S. 35.

Bestandsbildung noch nicht vor Augen standen.[9] Von diesem geschichtsdidaktischem Theorem ausgehend, stellt die Methodenkompetenz also wichtige Weichen, die sowohl auf die Reorganisation des eigenen Geschichtsbewusstseins zielen, als auch auf die Fähigkeit, das individuelle Selbst-, Welt- und Fremdverständnis zu reflektieren. Methodenkompetenz leistet somit einen nicht unerheblichen Beitrag zur fachübergreifenden Zielsetzung der Ausbildung eines „reflektierten Geschichtsbewusstseins".[10] Der Kernlehrplan des Landes NRW nimmt die Methodenkompetenz als eine von vier zentralen Kompetenzen auf. Die Förderung der Methodenkompetenz habe demnach das Ziel, Schülerinnen und Schüler die „Beherrschung von Verfahren [zu ermöglichen], die die Informationsbeschaffung bzw. -entnahme, die Aufbereitung, Strukturierung, Analyse und Interpretation fachbezogener Sachverhalte sowie deren Darstellung und Präsentation [zu] ermöglichen."[11] Hierzu zählt sowohl „das Erfragen, Finden und Erklären von Zusammenhängen", als auch die entsprechende Darstellung in „problemorientiert[er], multiperspektivisch[er] und auch kontrovers[er]" Weise.[12] Diese Art der Darstellung können entweder durch unterschiedliche Materialien oder unmittelbar durch originale Begegnungen wie Befragungen oder Erkundungen erfolgen.[13]

Im Rahmen meiner Praxisphase ergab sich die Möglichkeit, meine Unterrichtsreihe in einer zehnten Klasse im Fach Gesellschaftslehre durchführen zu können, da dort aktuell mit dem Inhaltsfeld der Weimarer Republik ein geschichtliches Thema behandelt wurde. Die Lerngruppe bestand aus 20 Schülerinnen und Schülern, von denen niemand einen besonderen Förderbedarf hatte. Das allgemeine Leistungs- und Lernniveau war nach meinem persönlichen Dafürhalten verhältnismäßig homogen und für eine zehnte Klasse durchaus leistungsstark. Konkret zielt die in dieser Lerngruppe untersuchte und geförderte Methodenkompetenz auf das „analysieren und interpretieren komplexere[r] diskontinuierliche[r] Texte wie Karten, Grafiken, Statistiken, Schaubilder, Diagramme, Bilder, Karikaturen, Filme und historische Sachquellen [...]" (Methodenkompetenz 8).[14] Im Rahmen des zehnten obligatorischen

---

9 Schreiber, Waltraud: Kompetenzbereich Historische Methodenkompetenz, in: Waltraud Schreiber; Andreas Körber; Alexander Schöner (Hgg.): Kompetenzen Historischen Denkens. Ein Strukturmodell als Beitrag zur Kompetenzorientierung in der Geschichtsdidaktik (Kompetenzen: Grundlagen, Entwicklung, Förderung ;1), Neuried[2] 2007, S. 194-235, S. 201.
10 KLP., S. 14.
11 Ebd., S. 15.
12 Ebd., S. 15.
13 Ebd., S. 15.
14 Ebd., S. 106.

Inhaltsfeldes der Weimarer Republik bot es sich inhaltlich besonders an,[15] die Methodenkompetenz der Schülerinnen und Schüler anhand von politischen Wahlplakaten zu fokussieren, da die Parteien der Weimarer Republik und insbesondere die Nationalsozialisten seit Ende der zwanziger Jahre eine massive und systematische Plakatwerbung betrieben,[16] sodass sich die Stimmung in der Gesellschaft, die in den unterschiedlichen Wahlplakaten des Parteienspektrums zum Ausdruck kommen, anschaulich nachvollziehen lässt. In der Medienwissenschaft wird dem politischen Plakat zum Teil auch heute noch erhebliche Suggestivkraft zugesprochen. Es erfüllt durch seine Visualisierung die Funktion eines einflussreichen Massenpropagandamediums, welches mit Forderungen, Behauptungen, Lösungen für Probleme, sowie Norm- und Wertaussagen bei potentiellen Rezipienten Emotionen auslösen vermag, die zur politischen Meinungsbildung beitragen.[17] Plakate sind aber nicht zuletzt deshalb auch heute noch ein besonders attraktives Medium für den Unterricht, weil sie Teil der heutigen Lebenswelt von Lernenden sind.[18] Sie sind Blickfang im Alltag und rufen beim Betrachter mit Farben, Symbolen, Stereotypen oder Appellen entsprechende Ängste und Befürchtungen, sowie Hoffnungen und Erwartungen hervor.[19] Vor dem ersten Messzeitpunkt wurden bereits einige Themen im Unterricht behandelt, auf welche die Schülerinnen und Schüler – auch wenn das Parteienspektrum als solches noch kein Gegenstand war – als historisches und politisches Hintergrundwissen für den ersten Messzeitpunkt zurückgreifen konnten:

Das Ende der Monarchie – wohin geht die politische Reise?
Der Versailler Vertrag – Katastrophe für Deutschland?
Krisenjahr 1923 – Die Hyperinflation, Der Hitler-Putsch
Aufschwung? – Die „Goldenen Zwanziger"
Die Weltwirtschaftskrise – Auswirkungen auf Deutschland
Prä-Test (T1)
Unterrichtsreihe zur Förderung der Methodenkompetenz
Post-Test (T2)

15 Ebd., S. 107.
16 Sauer, Michael: Bilder im Geschichtsunterricht. Typen, Interpretationsmethoden, Unterrichtsverfahren (Geschichte lernen), Seelze-Velber³ 2007, S. 86.
17 Kamps, Johannes: Theorien des Plakats, in: Joachim-Felix Leonhard (Hg.): Medienwissenschaft ein Handbuch zur Entwicklung der Medien und Kommunikationsformen (Handbücher zur Sprach- und Kommunikationswissenschaft; 15), Berlin [u.a.] 1999, S. 148-160, S. 158f.
18 Gutjahr Rainer: Das politische Plakat im Unterricht, in: Zeitschrift für die Praxis der politischen Bildung. Politik und Unterricht; 2/3 (2009), S. 11-16, S. 13f.
19 Krammer, Reinhard: Historische Kompetenzen erwerben - durch das Arbeiten mit Bildern?, in: Reinhard Krammer (Hg.): Mit Bildern arbeiten. historische Kompetenzen erwerben (Themenhefte Geschichte; 2), Neuried 2006, S. 21-37, S. 37.

3. Maßnahmen zur Kompetenzförderung

Das Plakat reflektiert politische und gesellschaftliche Aussagen seiner Entstehungszeit und damit spezifische Ereignisse und Probleme der Vergangenheit. Es verdichtet politische Aussagen, Ideologien, zeitgenössische Werturteile, Perspektiven und Bedürfnisse. Bei der Interpretation dieser Sachverhalte ist jedoch das grundsätzliche Problem zu beachten, dass sich die Sehweisen des heutigen Betrachters eines historischen Plakats von denen der Zeitgenossen unterscheiden. Seine spezifischen Erfahrungen, seine Art des Umgangs mit der ihn umgebenden Medienvielfalt, seine Sicht auf die aktuelle gesellschaftliche Situation lassen ihn ein historisches Plakat mit vollkommen anderen Augen betrachten als es der ursprünglich angesprochene Zeitgenosse vermochte.[20]

Nach Durchführung der ersten Messung, galt es also zunächst, den Schülerinnen und Schülern ein entsprechendes historisches Verständnis über Plakate als einflussreiches Medium der Massenkommunikation, sowie generelle Informationen zur Quellengattung und Möglichkeiten zur Analyse zu vermitteln (1. und 2. Stunde). Um die Quellenanalyse zu systematisieren ist es sinnvoll, dass Konventionen für das Vorgehen in Form von lernbaren Regeln wie Leitfäden festgehalten werden können und sollten, da dies Schülerinnen und Schülern erleichtert, sich in ihrer historischen Kompetenz weiterzuentwickeln.[21] Daher erfolgte eine gemeinsame Erarbeitung von entsprechenden Analysekriterien (3. Stunde), die auf Grundlage des bereits im *Prä-Test* bekannten, strukturschaffenden Dreischritts aufgebaut wurden,[22] sowie die anschließende Erprobung (4. Stunde). Die erarbeiteten Kriterien wurden den Schülerinnen und Schülern hierfür schüleradäquat und transparent als Methodenleitfaden ausgeteilt.[23] Anschließend erfolgte eine Reflexion über Probleme und Unsicherheiten, sowie die Überarbeitung der Quellenanalyse (5. Stunde). Abschließend fand – ebenfalls wieder mithilfe des Leitfadens – eine vergleichende Untersuchung von zeitgleich erschienenen Wahlplakaten in Form eines Gruppenpuzzles (6.,7. und 8. Stunde) statt:[24]

---

20 Gutjahr Rainer: Das politische Plakat im Unterricht, in: Zeitschrift für die Praxis der politischen Bildung. Politik und Unterricht; 2/3 (2009), S. 11-16, S. 13f.
21 Schreiber, Waltraud: Kompetenzbereich Historische Methodenkompetenz, in: Waltraud Schreiber; Andreas Körber; Alexander Schöner (Hgg.): Kompetenzen Historischen Denkens. Ein Strukturmodell als Beitrag zur Kompetenzorientierung in der Geschichtsdidaktik (Kompetenzen: Grundlagen, Entwicklung, Förderung ;1), Neuried² 2007, S. 194-235, 195f.
22 Sauer, Michael: Geschichte unterrichten. eine Einführung in die Didaktik und Methodik, Seelze¹⁰ 2012, S. 157.
23 Heuer, Christian: Kompetenzraster im Geschichtsunterricht. Erstellung und Einsatz einer Diagnosehilfe, in: Geschichte lernen; 20 (2007) 116, S. 28-33, S. 29.
24 Hinweis: Die Materialien M1-M9, sowie die Plakate der Diagnoseaufgabe finden sich im Anhang.

		Prä-Test (T1)	
1. Stunde und 2. Stunde	Historische Wahlplakate – Besonderheiten und Erkenntnis-gewinn	Die Schülerinnen und Schüler erarbeiten in einer Think-Pair-Share Einheit die Besonderheiten der Quellengattung historischer Wahlplakate (M1-M3) und stellen diese mithilfe eines Plakates vor. Anschließend erfolgt eine Abschlussdiskussion darüber, welche Unterschiede und Gemeinsamkeiten zu heutigen Wahlplakaten (M4) bestehen.	M1, M2, M3, M4
3. Stunde	Historische Wahlplakate richtig analysieren – Gemeinsame Erarbeitung von Analysekriterien	Die Schülerinnen und Schüler werden mit einem historischen Wahlplakat (M5), sowie mit den im Prä-Test vorgegebenen drei Oberkategorien konfrontiert. Um die systematische Analyse, sowie die Vergleichbarkeit zu gewährleisten, werden anhand dieses Beispiels gemeinsam die zu analysierenden Aspekte für die einzelnen Kategorien erarbeitet und an der Tafel festgehalten.	M5
4. Stunde	Historische Wahlplakate analysieren – Erprobung des gemeinsam erstellten Leitfadens	Die Schülerinnen und Schüler erhalten die gemeinsam erarbeiteten Analysekriterien als Methodenleitfaden (M6) und erproben die Quellenanalyse systematisch mithilfe des Leitfadens an einem Wahlplakat der Weimarer Republik (M7). Einzelne Schülerinnen und Schüler stellen ihre Ergebnisse im Plenum vor und erhalten von den Mitschülerinnen und -Schülern Feedback.	M6, M7
5. Stunde	Historische Wahlplakate analysieren – Reflexion über Probleme und Unsicherheiten und Überarbeitung der Quellenanalyse	Die Schülerinnen und Schüler evaluieren ihre ersten Erfahrungen mit der Quellengattung und reflektieren im Plenum über mögliche Probleme und Unsicherheiten. Die Verknüpfung mit dem historischen Hintergrundwissen, sowie die Beachtung sämtlicher Aspekte des Plakates erkennen die Schülerinnen und Schüler als besonders entscheidend. Anschließend überarbeiten die Schülerinnen und Schüler ihre Quellenanalyse.	M7
6. Stunde und 7. Stunde und 8. Stunde	Korrelation und Vergleichbarkeit synchron erschienener Wahlplakate – Analyse mehrerer Plakate	Die Schülerinnen und Schüler fertigen eine weitere systematische Quellenanalyse des ihnen zugeteilten Plakats (M8) mithilfe des Leitfadens, sowie ergänzende Grundlageninformation zu den Parteien, an. Die Hauptkriterien des Quellenleitfadens wurden zur besseren Übersichtlichkeit des Vergleichs in ein Raster übertragen (M9). Anschließend finden sich die Schülerinnen und Schüler in Gruppen zu dritt zusammen und stellen sich gegenseitig ihr Plakat vor. Das Raster (M9) wird innerhalb der Gruppen vervollständigt. Nach dem vollständigem Austausch findet im Plenum eine Diskussion statt, in der die Plakate systematisch miteinander verglichen werden und Korrelationen, Abweichungen, Gemeinsamkeiten und Unterschiede erörtert und diskutiert werden. Abschließend erfolgt eine ebenfalls im Plenum diskutierte Reflexion über die Methodik der systematischen Quellenanalyse mithilfe des gemeinsamen Leitfadends.	M8, M9
		Post-Test (T2)	

4. Diagnoseaufgabe und Auswertungsraster

Die Diagnoseaufgabe wurde im Wortlaut exakt so gestellt wie im Eingangstest, sodass in diesem Aspekt die Vergleichbarkeit sicher gestellt wird: „Analysiere das hier zu sehende Plakat möglichst ausführlich in drei Schritten (1. Beschreiben, 2. Deuten, 3. Reflektieren). Beziehe dabei auch dein Vorwissen zum historischen Kontext der Weimarer Republik mit ein." Vergleichbar sind ebenfalls – um die beiden Messungen so reliabel und valide wie möglich umzusetzen – die jeweils zu analysierenden Wahlplakate (siehe Anhang).

Der Geschichtsdidaktiker Christoph Hamann weist darauf hin, dass bei der Formulierung von Zielen des historischen Lernens mit dem Medium Bild, eine empirisch fundierte Formulierung von alters- und schulstufengerechten Standards der Bildquelleninterpretation unumgänglich sei. Er führt hier vier progressive Kompetenzstufen an, die bei den Schülerinnen und Schülern ermittelt wurden:

> „Auf der ersten Stufe nennen Schülerinnen und Schüler lediglich einige Details des Bildes, nehmen aber keine Deutung vor. Die Lernenden [...] nennen [Auf der zweiten Stufe] viele bis alle Details des Bildes und versuchen, etwas aus dem Bild ‚herauszulesen', das sie häufig in Verbindung mit ihrer Lebensgeschichte bringen [...]. Auf Stufe drei versuchen die Kinder und Jugendlichen Details des Bildes auf eine Gesamtaussage zu beziehen [...].Den Lernenden der Stufe vier gelingt es, zwischen sich und das Objekt der Betrachtung eine ‚reflexive Distanz' zu bringen, die es ihnen ermöglicht, erwägend, verwerfend, neu formulierend statt ausschließlich affirmativ mit dem Bild umzugehen. Sie erkennen, dass das Bild mit Hilfe verschiedener Steuerelemente zu etwas gemacht worden ist. Um zu einer reflektierenden Bildkompetenz zu gelangen, muss der Lernende erkennen, dass das Objekt seiner Betrachtung ein zu einem bestimmten Zweck geschaffenes, künstliches Produkt ist." [25]

Auch Reinhard Krammer weist auf die Bedeutung der Festlegung unterschiedlicher Kompetenzniveaus hin. Er führt ein dreistufiges Modell an, bei dem Aspekte der Bildanalyse einem basalen bzw. unkonventionellen, einem intermediären bzw. konventionellen oder einem elaboriertem oder transkonventionellem Niveau zugeordnet werden.[26]

---

25 Hamann, Christoph: Bildquellen im Geschichtsunterricht, in: Michele Barricelli; Martin Lücke (Hgg.): Handbuch Praxis des Geschichtsunterrichts. Historisches Lernen in der Schule. Schwalbach 2012, S. 108-124, S. 123.
26 Krammer, Reinhard: Historische Kompetenzen erwerben - durch das Arbeiten mit Bildern?, in: Reinhard Krammer (Hg.): Mit Bildern arbeiten. historische Kompetenzen erwerben (Themenhefte Geschichte; 2), Neuried 2006, S. 21-37, S. 29.

Ausgehend von diesen Vorschlägen wurde das hier verwendete Kompetenzraster auf eine vierstufige Graduierung der Kompetenzniveaus ausgelegt, von denen die erste (*Kein Standard*) keinerlei Erwartungen und letztere (*Maximalstandard*) auf das höchstmögliche Niveau abzielt.

Die Auswertung dieses Projekts erfolgt jedoch nicht anhand von subjektiven Eindrücken. Bei der Erstellung des Kompetenzrasters wurden die vier nach Heuer wichtigsten Schritte zur Erstellung eines Kompetenzrasters berücksichtigt: Der erste und zweite Aspekt bezieht sich auf die Zielformulierung, bei der man sich nicht in Globalzielen verlieren soll, sondern konkrete Feinziele kleinschrittig benennen soll, anhand dessen auch das Vorgehen der Schüler bei der Analyse erkennbar wird. Der dritte Schritt bezieht sich darauf, dass man sich konkrete Inhaltskriterien vergegenwärtigt, anhand dessen man diese Kriterien beobachten kann. Erst im letzten Schritt werden dann die bereits erläuterten Niveaustufen festgelegt und in ihren einzelnen Anforderungen beschrieben.[27]

Bei der Bestimmung der Feinziele der einzelnen Kompetenzniveaus war vor allem der mit den Schülerinnen und Schülern erarbeitete Methodenleitfaden grundlegend. Die inhaltlichen Kategorien des Kompetenzrasters wurden also innerhalb des Unterrichts gemeinsam erarbeitet, eingeübt und habitualisiert. Auch ein gewisses Verständnis der einzelnen Kompetenzniveaus sollte den Schülerinnen und Schülern durch Lehrerfeedback über die Reihe hinweg, sowie durch gegenseitige Fremdevaluation (5. Stunde) transparent geworden sein.

---

27 Heuer, Christian: Kompetenzraster im Geschichtsunterricht. Erstellung und Einsatz einer Diagnosehilfe, in: Geschichte lernen; 20 (2007) 116, S. 28-33, S. 31f.

Analyse-kriterien	Graduierung			
	Kein Standard (1)	Mindeststandard (2)	Regelstandard (3)	Maximalstandard (4)
	Die Schülerin/ Der Schüler...	Die Schülerin/ Der Schüler...	Die Schülerin/ Der Schüler...	Die Schülerin/ Der Schüler...
Beschreiben	• benennt weder Adressaten noch Herausgeber • benennt weder Erscheinungsdatum noch -Anlass • beschreibt weder Text- noch Bildebene des Plakats	• benennt den Herausgeber und/ oder Adressaten zutreffend, jedoch keine weiteren Informationen • benennt Erscheinungsdatum und/ oder -Anlass • beschreibt die Text- und Bildebene oberflächlich und kann Wichtiges von Unwichtigem nicht unterscheiden	• benennt den Herausgeber und Adressaten und weitere relevante Informationen • benennt Erscheinungsdatum und Anlass, sowie ergänzende Informationen hierzu • beschreibt die abgebildeten Personen, Gegenstände, Situationen und Texte angemessen und hebt die wichtigsten Elemente hervor	• benennt alle relevanten Informationen über den Herausgeber und Adressaten und nutzt diese systematisch für die Beschreibung, indem er diese in Verbindung zum Plakat setzt • benennt Erscheinungsdatum und Anlass, sowie ergänzende Informationen hierzu und setzt diese systematisch zur Plakatsbeschreibung in Verbindung • beschreibt die abgebildeten Personen, Gegenstände, Situationen und Texte vollständig, hebt die wichtigsten Elemente hervor und verknüpft sie mit historischem Wissen
Deuten	• benennt keinerlei Intentionen oder Haltungen der Partei • benennt keinerlei Argumente, Gefühle, oder Feindbilder, die im Plakat visualisiert werden • äußert sich nicht zum Gesamt-charakter des Plakats	• benennt wenige zutreffende Intentionen oder Haltungen der Partei • benennt oberflächlich die Argumente, Gefühle, oder Feindbilder, die im Plakat visualisiert werden • äußert sich nur ansatzweise oder unzutreffend zum Gesamtcharakter des Plakats	• benennt die wichtigsten, zutreffenden Intentionen oder Haltungen der Partei in angemessenem Umfang • benennt die wichtigsten Argumente, Gefühle, oder Feindbilder, die im Plakat visualisiert werden • äußert sich in angemessenem Umfang zum Gesamtcharakter des Plakats, nennt die wichtigsten Punkte und bezieht dabei auch die Ebene der Beschreibung mit ein	• benennt die zutreffenden Intentionen oder Haltungen der Partei in vollständigem Umfang und nutzt diese systematisch für die Verknüpfungen mit historischem Wissen und weitere Kontextualisierungen • benennt die Argumente, Gefühle, oder Feindbilder, die im Plakat visualisiert werden vollständig und setzt diese mit historischem Wissen in Verbindung • äußert sich in angemessen und systematisch zum Gesamtcharakter des Plakats; nennt alle relevanten Punkte und bezieht sich dabei auch auf die Ebene der Beschreibung, sowie auf eigenes historisches Wissen.

Reflektieren	• ordnet das Plakat nicht in den historischen Kontext ein • beurteilt weder die Wirkung auf Zeitgenossen, noch den Zusammenhang zum politischen Klima	• nennt das Jahr der Veröffentlichung und/ oder stellt den historischen Kontext oberflächlich dar • äußert sich oberflächlich zur Wirkung auf Zeitgenossen, sowie dem Zusammenhang zum politischen Klima und setzt das Plakat kaum spezifisch in den Kontext dieser Reflexion	• nennt das Jahr der Veröffentlichung und stellt den historischen Kontext zutreffend und spezifisch dar. • beurteilt die Wirkung auf Zeitgenossen, sowie den Zusammenhang zum politischen Klima weitestgehend zutreffend und setzt das Plakat dabei spezifisch in den Kontext dieser Reflexion	• nennt das Jahr der Veröffentlichung, stellt den historischen Kontext zutreffend und spezifisch dar und nutzt die relevanten Informationen zusätzlich für weitere Interpretationen des Plakats • beurteilt die Wirkung auf Zeitgenossen, sowie den Zusammenhang zum politischen Klima ganzheitlich und vollständig zutreffend; das spezifische Plakat bildet mit allen bereits herausgestellten Charakteristika dabei den Ausgangs- und Endpunkt dieser Reflexion

Analyse-kriterien	Graduierung			
	Kein Standard (1) (nicht zutreffend)	*Mindest-standard (2)* (ansatzweise zutreffend)	*Regelstandard (3)* (weitestgehend zutreffend)	*Maximal-standard (4)* (vollständig zutreffend)
Beschreiben				
Deuten				
Reflektieren				

5. Ergebnisse der Erhebungen

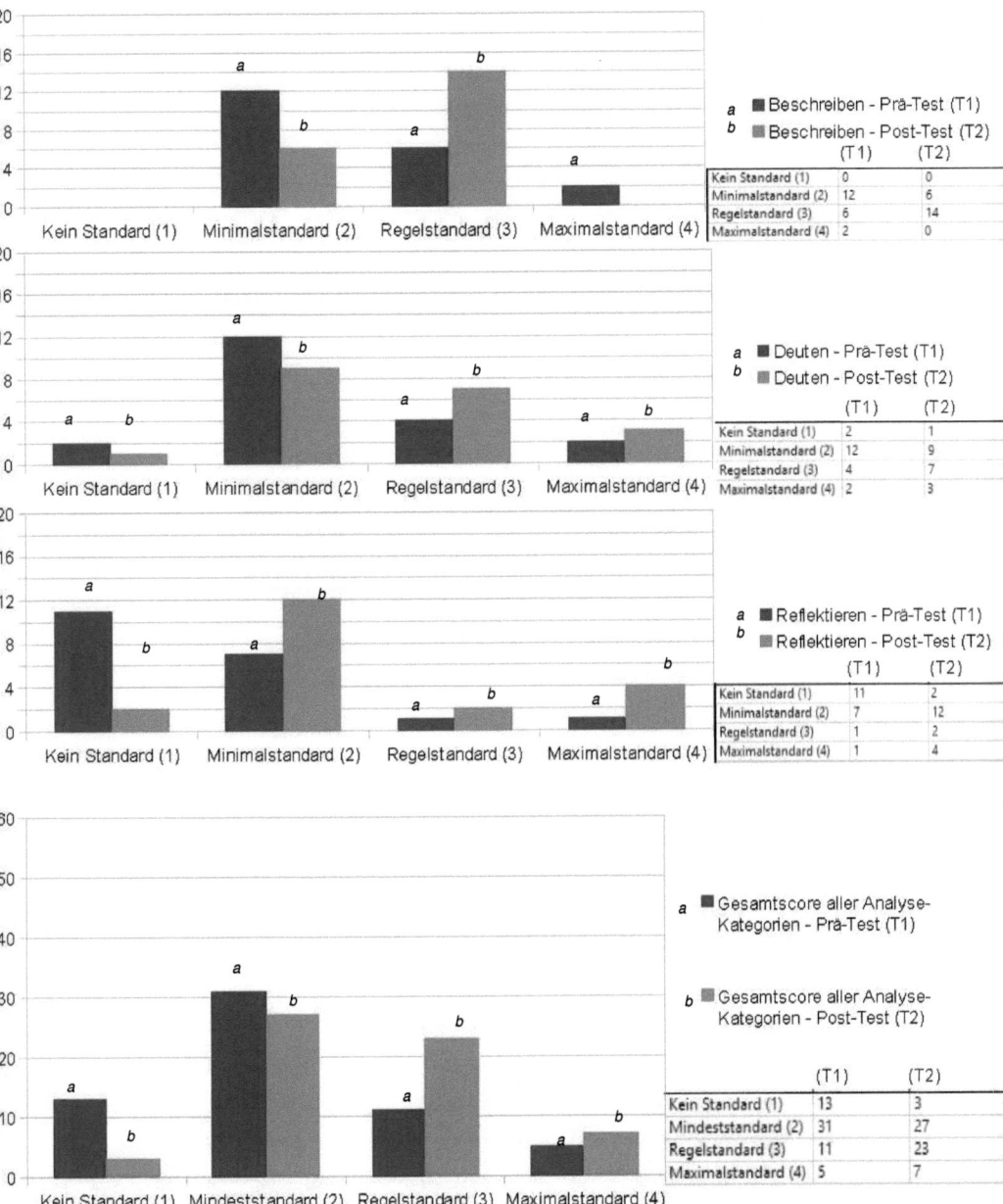

	(T1)	(T2)
Kein Standard (1)	0	0
Minimalstandard (2)	12	6
Regelstandard (3)	6	14
Maximalstandard (4)	2	0

a ■ Beschreiben - Prä-Test (T1)
b ■ Beschreiben - Post-Test (T2)

	(T1)	(T2)
Kein Standard (1)	2	1
Minimalstandard (2)	12	9
Regelstandard (3)	4	7
Maximalstandard (4)	2	3

a ■ Deuten - Prä-Test (T1)
b ■ Deuten - Post-Test (T2)

	(T1)	(T2)
Kein Standard (1)	11	2
Minimalstandard (2)	7	12
Regelstandard (3)	1	2
Maximalstandard (4)	1	4

a ■ Reflektieren - Prä-Test (T1)
b ■ Reflektieren - Post-Test (T2)

	(T1)	(T2)
Kein Standard (1)	13	3
Mindeststandard (2)	31	27
Regelstandard (3)	11	23
Maximalstandard (4)	5	7

a ■ Gesamtscore aller Analyse-Kategorien - Prä-Test (T1)
b ■ Gesamtscore aller Analyse-Kategorien - Post-Test (T2)

6. Reflexion der Ergebnisse

Die Erhebungen konnten glücklicherweise in beiden Fällen mit vollzähligem Schülerbestand durchgeführt werden, sodass eine maximale quantitative Vergleichbarkeit gegeben ist. Ebenfalls glücklich waren die Durchführungsbedingungen des gesamten Projekts. Es war nicht zuletzt die Gunst des verhältnismäßig umfangreichen Zeitrahmens, mit dem es mir die Lehrkraft ermöglichte, eine kongruente Reihe mit acht Schulstunden durchzuführen, deren Fokus in erster Linie auf der Methodenkompetenz lagen. Zusätzlich war der überwiegende Teil der Schülerinnen und Schüler – sicherlich auch nicht zuletzt im Hinblick darauf, dass sie mit diesem Projekt an einer wissenschaftlichen Erhebung teilnehmen – überdurchschnittlich hoch motiviert und stets bemüht, gut mitzuarbeiten. Mit Blick auf den Gesamtscore ergibt sich so eine grundsätzliche und nicht unerhebliche Verbesserung des allgemeinen Kompetenzniveaus, was generell erst einmal dafür sprechen könnte, dass ein Großteil der Schülerinnen und Schülern ihre Methodenkompetenzen innerhalb der Reihe ausbauen konnten. Die eigentlich positiven Ergebnisse werden jedoch nach meinem Dafürhalten etwas getrübt:

Zunächst einmal lässt sich anhand der Kategorie „Beschreiben" erkennen, dass es eine grundsätzliche Verbesserung gibt, die jedoch nicht in den Maximalstandard (4) wirkt. Dies liegt vor allem daran, dass ich innerhalb der Reihe wenig bis kaum transparent gemacht habe, dass optimalerweise im eigentlich „oberflächlichem" Beschreibungsprozess bereits Verbindungen zum historischen Kontext, sowie ein zielführendes Knüpfen von Verbindungen einzelner beschriebener Elemente, vorhanden sein sollte. Abgesehen von diesem Ärgernis, hat sich das Niveau hier aber doch sehr deutlich in Richtung Regelstandard (3) entwickelt.

Die Kategorie „Deuten" fiel den Schülerinnen und Schülern in der ersten Messung noch etwas schwieriger, als „Beschreiben". Hier haben wir innerhalb beider Tests Schülerinnen und Schüler, die den Mindeststandard (2) nicht erreichten und es ergaben sich in beiden Messungen weniger Zuordnungen zum Regelstandard (3). Diesen Umstand könnte man der höheren Komplexität dieser Analysekategorie zuschreiben, mit denen schwächere Schülerinnen und Schüler Probleme gehabt haben könnten. Die Qualitätskriterien des Maximalstandards (4) scheinen in dieser Kategorie im Verlauf der Unterrichtsreihe jedoch transparent geworden zu sein. Insgesamt zeigt sich auch in der Kategorie „Deuten" eine Steigerung des Kompetenzniveaus, wenn auch nicht so deutlich in Richtung Regelstandard (3).

Die Entwicklung der Kategorie „Reflektieren" ist weniger deutlich auf einen

Kompetenzzuwachs zurückzuführen als die anderen beiden Analysekategorien. Hier wurde bei der ersten Erhebung von einem Großteil der Schüler nicht der Minimalstandard (1) erreicht, während er in der zweiten Erhebung lediglich zweimal nicht erfüllt wurde. Diesen Umstand schreibe ich vor allem begrifflichen Unklarheiten zu. Der Begriff „Reflektieren" scheint einfach nicht altersgemäß gewesen zu sein, wie mir im Anschluss an den Test von einigen Schülerinnen und Schülern rückgemeldet wurde. Vor allem innerhalb einer methodischen Bildanalyse konnte ein Großteil der teilnehmenden Schüler entsprechendes Vorgehen dieses Analyseschritts nicht ohne Vorwissen ermitteln. Im Verlauf der Reihe, wurde der Analyseschritt jedoch durch die Erarbeitung der Methodik und der wiederholten Übung nachvollzogen. Insgesamt haben wir hier zwar mit vier Schülerinnen und Schülern die höchste Anzahl der erreichten Maximalstandards (4), jedoch kommen die meisten nicht über den Minimalstandard (2) hinaus. Diesen Umstand führe ich vor allem auf die hohe Komplexität zurück, bei der bereits auf dem Minimalstandard die verhältnismäßig hohe Anforderung besteht, das Plakat zumindest grob vor dem Hintergrund des historischen Kontextes zu reflektieren.

Auch wenn ich – trotz der erwähnten Mängel – nach meinem Dafürhalten ein positives Gesamtfazit ziehen kann, wird dieser Eindruck dahingehend gedämpft, dass ich nun, nach abschließender Auswertung des Projekts, kein klares Fazit ziehen kann, ob die gemessenen Kompetenzzuwächse der von mir begleiteten Lerngruppe auch in Gänze als solche zu verbuchen sind, oder ob zumindest ein Teil der Zuwächse der simplen Schaffung von transparenten Analysekriterien einer Plakatsanalyse in Rechnung zu stellen ist. Abschließend kann ich jedoch, nach entsprechendem Feedback der Lehrkraft, sowie das der Fachleiterin des Faches Geschichte im Rahmen eines Unterrichtsbesuchs, festhalten, dass die Unterrichtsreihe zumindest sinnvoll und kongruent zueinander aufgebaut wurde, sodass ich meine, behaupten zu können, dass die Schülerinnen und Schüler meiner Lerngruppe ihre Methodenkompetenz in jedem Fall ausbauen konnten. Vermutlich hätte die vorherige Offenlegung der Messkriterien hier dazu geführt, dass die Ergebnisse der Messungen nicht mehr authentisch sind. Da ich mich nun aber im Rahmen dieses Studienprojekts mit Kompetenzrastern und – durch die Literatur – auch mit ihrem gewinnbringenden Einsatz im Unterricht auseinandergesetzt habe, werde ich bei erneutem Arbeiten mit Rastern für den unterrichtlichen Gebrauch in jedem Fall dafür Sorge tragen, den Schülerinnen und Schülern auch am Anfang bereits Transparenz zu bieten.

Literaturverzeichnis

- Die Verfahrensordnung Praxissemester an der Ruhr-Universität Bochum, RUB 2014.
- Gutjahr Rainer: Das politische Plakat im Unterricht, in: Zeitschrift für die Praxis der politischen Bildung. Politik und Unterricht; 2/3 (2009), S. 11-16.
- Hamann, Christoph: Bildquellen im Geschichtsunterricht, in: Michele Barricelli; Martin Lücke (Hgg.): Handbuch Praxis des Geschichtsunterrichts. Historisches Lernen in der Schule. Schwalbach 2012, S. 108-124.
- Heuer, Christian: Kompetenzraster im Geschichtsunterricht. Erstellung und Einsatz einer Diagnosehilfe, in: Geschichte lernen; 20 (2007) 116, S. 28-33.
- Kamps, Johannes: Theorien des Plakats, in: Joachim-Felix Leonhard (Hg.): Medienwissenschaft ein Handbuch zur Entwicklung der Medien und Kommunikationsformen (Handbücher zur Sprach- und Kommunikationswissenschaft; 15), Berlin [u.a.] 1999, S. 148-160.
- Krammer, Reinhard: Historische Kompetenzen erwerben - durch das Arbeiten mit Bildern?, in: Reinhard Krammer (Hg.): Mit Bildern arbeiten. historische Kompetenzen erwerben (Themenhefte Geschichte; 2), Neuried 2006, S. 21-37.
- Körber, Andreas [u.a.]: Historisches Denken. Ein Kompetenz-Strukturmodell, in: Waltraud Schreiber; Andreas Körber; Alexander Schöner: Kompetenzen Historischen Denkens. Ein Strukturmodell als Beitrag zur Kompetenzorientierung in der Geschichtsdidaktik (Kompetenzen: Grundlagen, Entwicklung, Förderung ;1), Neuried[2] 2006, S. 17-53.
- Ministerium für Schule und Weiterbildung des Landes Nordrhein-Westfalen (Hg.): Kernlehrplan für die Gesamtschule – Sekundarstufe I in Nordrhein-Westfalen. Gesellschaftslehre. Erdkunde, Geschichte, Politik, Düsseldorf 2011.
- Sauer, Michael: Bilder im Geschichtsunterricht. Typen, Interpretationsmethoden, Unterrichtsverfahren (Geschichte lernen), Seelze-Velber[3] 2007.
- Sauer, Michael: Geschichte unterrichten. eine Einführung in die Didaktik und Methodik, Seelze[10] 2012.
- Schreiber, Waltraud: Kompetenzbereich Historische Methodenkompetenz, in: Waltraud Schreiber; Andreas Körber; Alexander Schöner (Hgg.): Kompetenzen Historischen Denkens. Ein Strukturmodell als Beitrag zur Kompetenzorientierung in der Geschichtsdidaktik (Kompetenzen: Grundlagen, Entwicklung, Förderung ;1), Neuried[2] 2007, S. 194-235.
- Trautwein, Ulrich: Kompetenzen historischen Denkens erfassen. Konzeption, Operationalisierung und Befunde des Projekts "Historical Thinking - Competencies in History" (HiTCH), Münster; New York 2017.